Débu

Comme ... t
les fleurs

Emma Helbrough

Maquette : Catherine-Anne MacKinnon et Laura Parker

Illustrations : Maggie Silver et Uwe Mayer

Expert-conseil : Margaret Rostron

Pour l'édition française :

Traduction : Nathalie M.-C. Laverroux

Rédaction : Renée Chaspoul et Anna Sánchez

Sommaire

3 Beaucoup de fleurs
4 De la graine au plant
6 Les parties de la plante
8 La nourriture
10 Du bourgeon à la fleur
12 Pollen et nectar
14 Formation des graines
16 Dispersion des graines
18 Des fruits délicieux
20 Nouvelles plantes
22 Fleurs tropicales
24 Dans le désert
26 Plantes aquatiques
28 Plantes carnivores
30 Vocabulaire de fleur
31 Sites Web
32 Index

Beaucoup de fleurs

Des milliers de fleurs différentes poussent partout dans le monde.

Ces fleurs étonnantes sont des fleurs de la passion.

De la graine au plant

Les graines ont une peau dure et contiennent une future plante. Elles poussent dans la terre quand le soleil et la pluie les ont rendues chaudes et humides.

Voici des graines de tournesol.

Chaque graine peut devenir un grand tournesol.

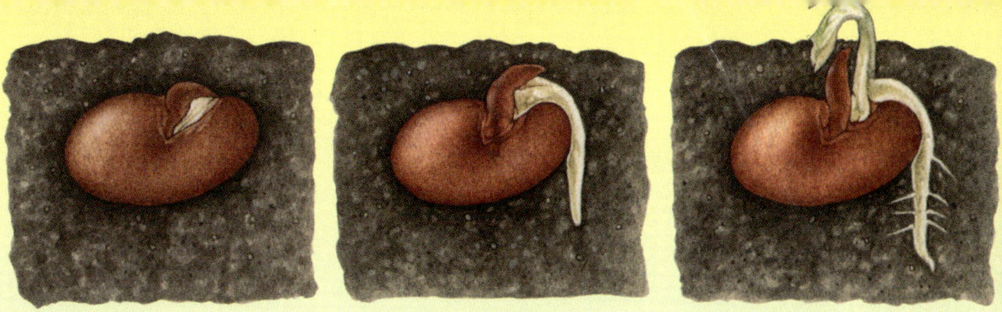

Dans la terre, la peau de la graine éclate.

Une petite racine sort de la graine.

Puis une pousse apparaît à son tour.

Une pousse qui a traversé la terre est un jeune plant.

La plus grosse graine au monde est le coco de mer. Il est plus gros qu'un ballon de football.

Les parties de la plante

La plupart des plantes ont des fleurs, des feuilles, une tige et des racines.

Cette plante est de l'oseille.

La tige maintient la plante droite. Les feuilles et les fleurs poussent sur la tige.

Les plantes se nourrissent par leurs feuilles.

Certaines plantes ont des feuilles pointues et piquantes.

Elles poussent bien, car les animaux préfèrent les feuilles tendres.

Beaucoup de légumes proviennent d'une plante. Le brocoli est un bouquet de fleurs, et la carotte est une racine.

Sous la terre, les racines absorbent l'eau du sol. Elles maintiennent aussi la plante en place.

La nourriture

Une plante a besoin de nourriture pour grandir. Elle la fabrique à l'aide du soleil, de l'air et de l'eau.

Les feuilles absorbent l'air et le soleil.

Puis les feuilles aspirent l'eau de pluie qui remonte des racines dans la tige.

L'eau, le soleil et l'air nourrissent les feuilles.

Jacinthe Tulipe Campanule Amaryllis

Certaines plantes se nourrissent par leur bulbe, composé de plusieurs couches de feuilles spéciales.

L'oignon est une espèce de bulbe. En le coupant en deux, on voit ses différentes couches.

Du bourgeon à la fleur

Quand un jeune plant est devenu une grande plante, il est prêt à porter des fleurs.

Les jeunes fleurs sont des bourgeons.

Les pétales sont très serrés à l'intérieur du bourgeon.

Le bourgeon va s'ouvrir lentement.

Ses pétales commencent à apparaître.

Ils s'ouvrent peu à peu... C'est une fleur.

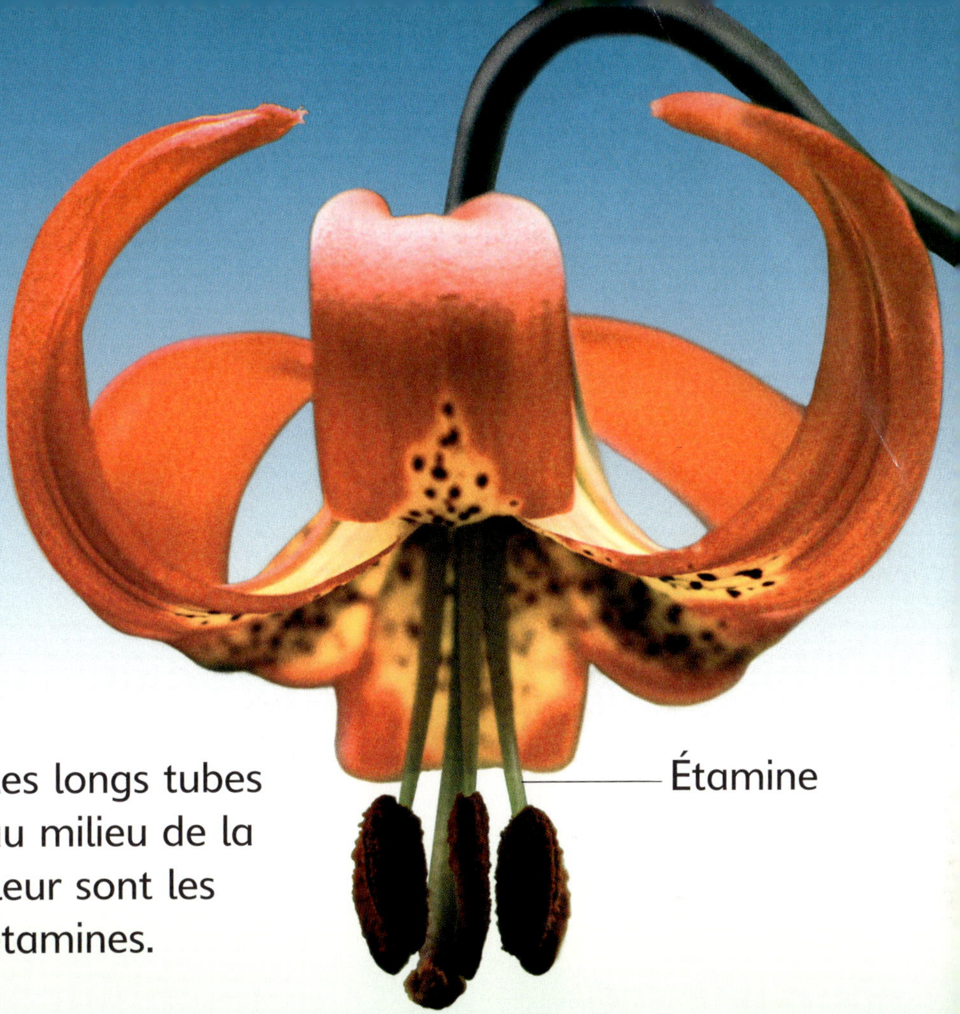

Les longs tubes au milieu de la fleur sont les étamines.

Au bout des étamines se trouve une poudre : le pollen. Avec le pollen, les plantes font des graines.

Les edelweiss poussent dans des lieux froids. Ils sont couverts d'un duvet qui leur tient chaud.

Pollen et nectar

À l'intérieur des fleurs coule un liquide très sucré : le nectar. En buvant le nectar, les insectes et les oiseaux transportent le pollen d'une fleur à l'autre.

Quand une abeille boit le nectar, le pollen se colle à son corps velu.

L'abeille s'envole vers une autre fleur de la même espèce et laisse tomber un peu de pollen.

Cette fleur a reçu du pollen d'une autre fleur.

Quand un colibri boit du nectar, le pollen se colle à son bec.

En allant sur une autre fleur, le colibri lui transmet le pollen.

Les abeilles peuvent absorber le nectar de 1 000 fleurs avant d'être rassasiées !

Formation des graines

Les plantes font des graines dès qu'elles reçoivent le pollen d'une autre plante.

Une capsule apparaît au milieu du coquelicot qui a reçu du pollen.

Les graines se forment à l'intérieur de la capsule et la fleur se fane.

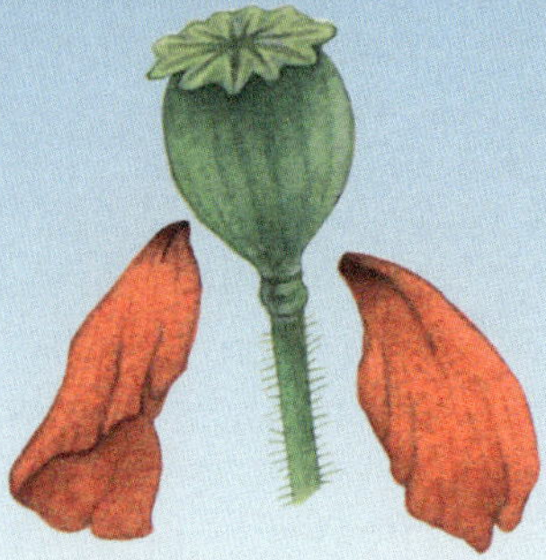

Ses pétales tombent et laissent une capsule pleine de graines.

L'allium a une boule de fleurs minuscules.

Chaque fleur devient une capsule de graines.

Les lanternes chinoises font leurs graines dans une enveloppe creuse.

Des chenilles vivent dans la capsule de graines. Quand elles bougent, on dirait que la capsule « saute ».

Dispersion des graines

Les graines ont besoin de beaucoup d'espace pour pousser. Il faut donc qu'elles soient éparpillées.

Les graines de bardane ont des piquants pointus en forme de crochets.

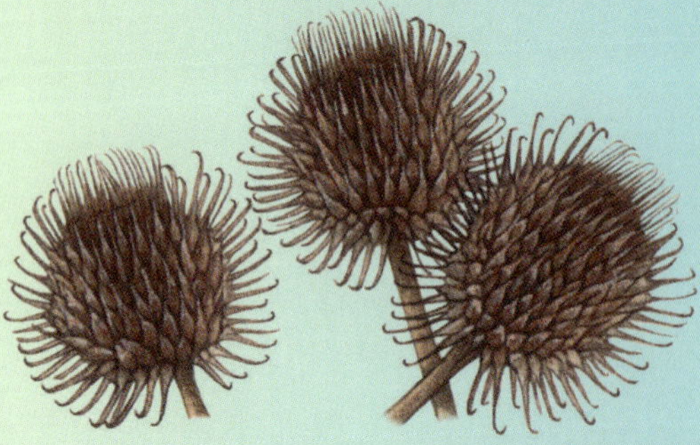

Quand un animal passe, les graines s'accrochent à sa fourrure.

Quand l'animal se gratte, il fait tomber les graines.

Le géranium porte ses capsules de graines sur des tiges fines.

Les tiges se recourbent et font sortir les graines de leur capsule.

Les graines de pissenlit flottent dans le vent comme de petits parachutes.

Les fourmis emportent des graines dans leur nid. Celles qu'elles ne mangent pas vont pousser.

Des fruits délicieux

Des graines poussent dans les fruits, les baies et les noisettes. Elles sont transportées par les oiseaux et d'autres animaux.

En mangeant des fruits et des baies, les oiseaux avalent aussi les graines.

Ils s'envolent et rejettent les graines dans leurs excréments.

Il y a environ 100 graines à l'intérieur de chaque myrtille.

Le tamia mange des fruits et des noisettes.

Il les emporte dans son terrier. Les graines sont dispersées par ses excréments.

L'écureuil enterre des noisettes dans le sol pour les manger plus tard.

Puis il les oublie et les graines se mettent à pousser.

Nouvelles plantes

Certaines plantes ont une manière spéciale de faire de nouvelles plantes.

Une tige de fraisier, appelée stolon, pousse sur le côté.

Quand elle touche le sol, elle fait des racines.

Ces racines donnent une nouvelle plante, et le stolon pourrit.

Un petit bulbe pousse à côté du bulbe de jonquille.

Le nouveau bulbe grossit et les deux bulbes se séparent.

Un bulbe de jonquille ne donne qu'une ou deux fleurs.

Fleurs tropicales

Dans les forêts tropicales, humides et chaudes, il fait sombre, car le soleil est caché par les arbres.

Les feuilles du gloriosa s'accrochent aux arbres pour monter vers la lumière du soleil.

Les plantes grasses gardent l'eau de pluie dans leurs feuilles. Les grenouilles aiment s'y réfugier.

Un bourgeon de rafflésie pousse sur le sol.

Il devient aussi gros qu'un chou.

Ses cinq pétales rouges s'ouvrent peu à peu.

Les rafflésies sont aussi grosses qu'une roue de camion. Elles n'ont pas de feuilles ni de tige.

Leur odeur de viande avariée attire les mouches, qui éparpillent leur pollen.

Dans le désert

Il y a des fleurs dans les déserts chauds et secs.

Certaines plantes du désert ne poussent pas dans le sol sec, mais leurs graines restent dans le sable.

Après la pluie, les graines se transforment vite en fleurs.

Les fleurs font à leur tour des graines, puis elles meurent.

Ces graines pousseront après la pluie suivante.

Le cactus tête de vieillard est couvert de longues soies blanches qui le protègent du soleil.

L'ocotillo perd ses feuilles pendant la sécheresse.

De nouvelles feuilles repousseront après la pluie.

L'aloès garde l'eau dans ses épaisses feuilles piquantes.

Plantes aquatiques

Certaines plantes poussent dans les mares et les lacs.

Beaucoup ont des racines qui poussent au fond du lac.

Chez d'autres, les racines flottent sous la surface de l'eau.

La fleur de nénuphar flotte sur l'eau. Ainsi, les insectes peuvent prendre son pollen.

Les plantes aquatiques poussent rarement dans une rivière. Elles seraient emportées par le courant.

Les feuilles de nénuphar sont plates et cireuses, ce qui leur permet de flotter.

Elles ne coulent pas, même si une grenouille s'assoit dessus.

Plantes carnivores

Ces plantes attrapent des insectes. Elles les réduisent en bouillie, qu'elles absorbent.

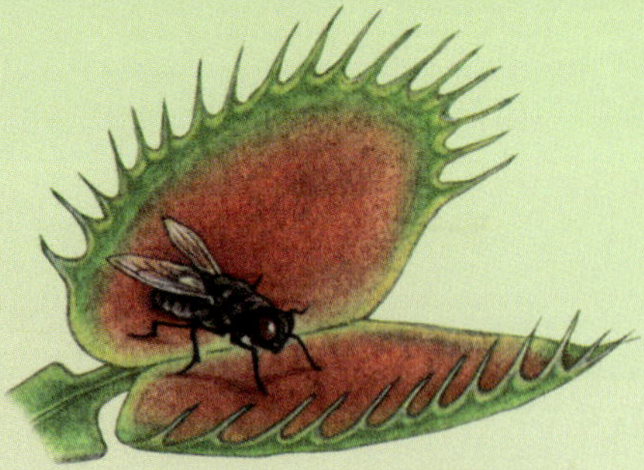

Une mouche se pose sur une feuille de dionée entourée de piquants.

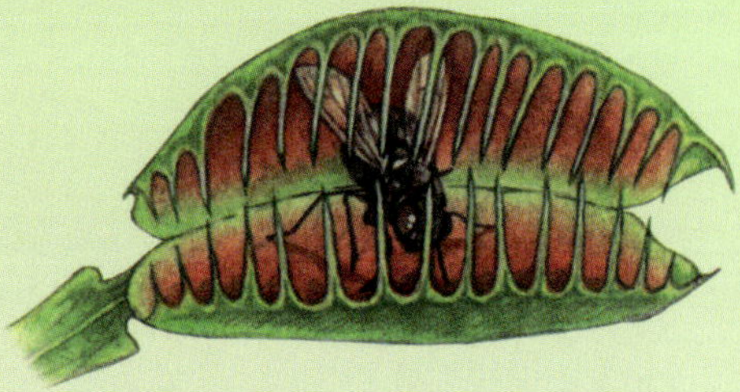

La feuille se referme et la mouche se décompose lentement à l'intérieur.

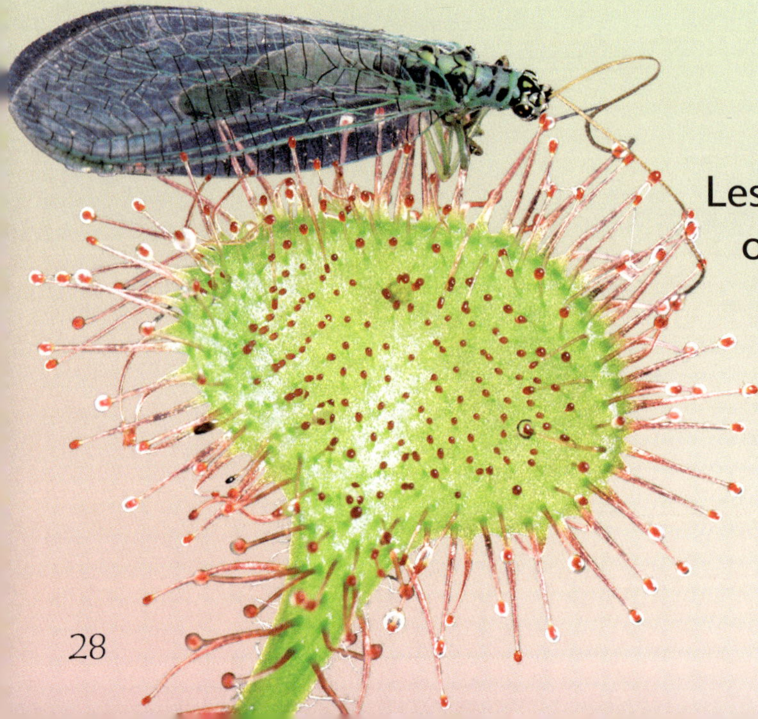

Les rossolis ont des poils collants qui piègent les insectes.

Les feuilles en forme de calice de la sarracénie sont pleines d'eau.

Il y a un peu de nectar au bord de la feuille.

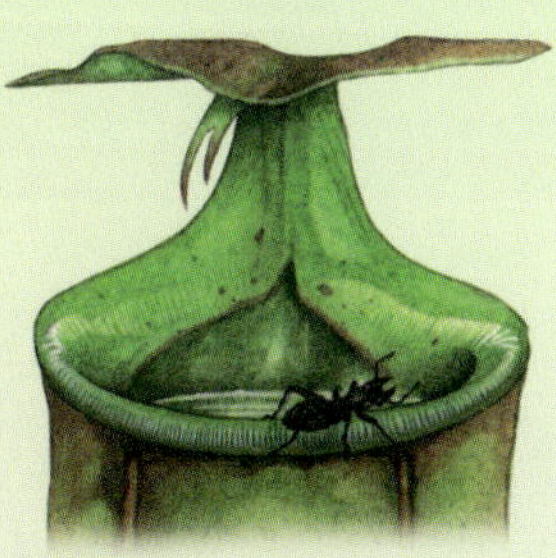

Les fourmis rampent à l'intérieur pour trouver plus de nectar.

Elles glissent dans l'eau et se noient. Puis elles se décomposent.

Les singes aiment cueillir les sarracénies pour boire leur eau.

Vocabulaire de fleur

Voici la liste de quelques-uns des mots utilisés dans ce livre, avec leur définition. Peut-être ne les connaissais-tu pas.

graine : enveloppe dure contenant la future plante.

capsule : partie de certaines fleurs dans laquelle poussent les graines.

bulbe : réserve souterraine dans laquelle certaines plantes gardent leur nourriture.

étamines : longs tubes au milieu d'une fleur, qui produisent le pollen.

pollen : poudre qui produit les graines si elle est transportée d'une fleur à une autre.

nectar : liquide sucré à l'intérieur des fleurs, butiné par les oiseaux et les insectes.

stolon : tige qui pousse sur le côté, chez certaines plantes.

Sites Web

Si tu as un ordinateur, tu peux chercher sur Internet d'autres informations sur les fleurs. Sur le site Quicklinks d'Usborne, tu peux déjà te connecter aux sites suivants :

Site 1 : Es-tu un naturaliste en herbe ? Tu trouveras sur ce site des activités (l'apprenti jardinier), des jeux et des tas d'informations générales sur les fleurs.

Site 2 : Amuse-toi à faire pousser une graine et à réaliser une miniserre.

Site 3 : Des pièges à faire peur ! Ceux dont usent les plantes carnivores pour attraper leurs proies.

Site 4 : Il existe des fleurs étranges... Renseigne-toi à leur sujet.

Pour te connecter à ces sites, va sur **www.usborne-quicklinks.com/fr**, clique sur le titre du livre, puis sur le lien du site Web qui t'intéresse. Avant de commencer à utiliser Internet, lis les conseils de sécurité donnés à la fin du livre et demande à un adulte de les consulter avec toi.

Index

baie 18
bourgeon 10, 23
bulbe 9, 21, 30
capsule 14, 15, 17, 30
désert 24-25
eau 7, 8, 25, 26-27, 29
étamine 11, 30
feuille 6, 7, 8, 9, 22, 23, 25, 27, 28, 29
fleur 3, 6, 7, 10-11, 12, 13, 14, 15, 21, 22, 23, 24, 26, 30
fleurs tropicales 22-23
fruit 18-19
graine 4-5, 11, 14-15, 16-17, 18, 19, 24, 30
jeune plant 4-5, 10
nectar 12-13, 29, 30
noisette 18, 19
nourriture 6, 8-9, 19, 30
pétale 10, 14, 23
pollen 11, 12-13, 14, 23, 26, 30
pousse 5
racine 5, 6, 7, 8, 20, 26
stolon 20, 30
terre (sol) 4, 5, 7, 24
tige 6, 8, 17, 20, 23, 30

Remerciements

Rédactrice en chef : Fiona Watt, Directrice de la maquette : Mary Cartwright

Crédit photographique

L'éditeur remercie les personnes et organismes suivants pour l'autorisation de reproduire leurs documents : © **Alamy** : 5 (Bob Challinor/The Garden Picture Library), 9 (Angelina Nicholson), 21 (Frank Krahmer/ImageState). © **Bruce Coleman** : 6-7 (Jorg & Petra Wagner), 28 (Kim Taylor). © **Corbis** : 2-3 (Chris Demetriou/Frank Lane Picture Agency), 10 (Darrell Gulin), 15 (Michelle Garrett). © **Digital Vision** : 4, 22. © **Frank Lane Picture Agency** : 29 (Mark Moffett/Minden Pictures). © **Getty** : 1 (Bruce Heinemann), 11 (Gary Braasch), 18 (Richard H Johnston), 31 (JH Pete Carmichael). © **Lost World Arts** : 23 (Karl Lehmann). © **Natural Visions** : 26-27 (Heather Angel). © **NHPA** : 25 (Patrick Fagot). © **Oxford Scientific Films** : Couverture (Lightworker/gardenIMAGE), 13 (Michael Fogden). © **Robert Harding** : 14. © **Science Photo Library** : 17 (Lynwood Chase). © **Team Husar** : 19 (Lisa & Mike Husar). Nos remerciements vont aussi à Simon Gladding.

Tous les efforts ont été faits pour retrouver et remercier les propriétaires de copyright. L'éditeur s'engage à rectifier toute omission éventuelle, s'il en est informé, dans toutes rééditions à venir.